27
Ln 1658.

ÉLOGE
DE
M. L'ABBÉ POULLE,

Prédicateur du Roi, Vicaire Général de Laon, et Abbé Commandataire de Nogent-sous-Coucì,

Faisant partie des Ouvrages lus à la Séance publique de l'Athénée de Vaucluse, du 2 Brumaire an XII.

Par D.-MICHEL BEAULIEU, ancien Prévôt de l'Isle, Membre de l'Athénée de Vaucluse, et l'un des Administrateurs des Hospices civils et militaires d'Avignon.

Fluit ut ros eloquium ejus.
Deut. 32. 2.

A AVIGNON,
Chez ALPHONSE BERENGUIER, Imprimeur-Libraire
Place du Change.

AN XII. - 1804.

Aux Citoyens

GASQUI, BARTHELEMI,

GASPARD GALLÉAN,

Et FOGASSE LA BASTIE,

Administrateurs des Hospices civils et militaires d'Avignon.

―――――

Citoyens collègues,

Vous exercez avec trop de zèle et d'intelligence le ministère de charité qui vous est confié, pour ne pas apprécier tout le mérite d'un illustre Orateur, qui plaida si éloquemment la cause des Orphelins, des Pauvres et des Malades. C'est à ce titre que je vous prie d'agréer comme un témoignage de mon estime particulière, et un gage de mon amitié, l'hommage public que je rends à la mémoire de M. l'abbé Poulle.

D. MICHEL.

ÉLOGE

DE M. L'ABBÉ POULLE,

Vicaire-général de Laon, Prédicateur du Roi et Abbé Commandataire de Nogent-sous-Couci.

S'IL y eut jamais un préjugé funeste à l'éloquence et à la religion, c'est celui qui s'est malheureusement accrédité de nos jours contre le ministère des orateurs chrétiens, et la manière d'annoncer les vérités évangéliques. Il est impossible, dit-on, d'avoir du succès aptès Massillon et Bourdaloue. Le travail, sans doute, est devenu plus difficile ; ces deux hommes célèbres ont franchi les barrières qui avaient arrêté les écrivains des âges précédens ; et en se frayant une route jusqu'alors inconnue, ils se sont appropriés tous les trésors qu'ils ont trouvés dans cette nouvelle carrière. Mais ne peut-on pas dire que la morale est un vaste champ qui s'agrandit à mesure qu'on le parcourt ; que le cœur de l'homme est un abîme, dont on ne peut sonder la profondeur, que chaque siècle a des mœurs nouvelles et des vices nouveaux ; que tout écrivain donne à ses ouvrages l'empreinte de son génie ; que les livres saints sont remplis de vérités qu'il faut présenter sous toutes les formes, pour les faire goûter ; qu'enfin comme on invente tous les jours des moyens de satisfaire les passions, il faut chercher aussi de nouveaux moyens pour les combattre. Quelque faux, ou quelque vrai même que soit ce préjugé, parmi les orateurs célèbres qui ont fait retentir les chaires de la capitale, j'en distingue un, qui, à la richesse de l'imagination, à la grandeur des idées, au talent de bien peindre ce qu'il sent fortement, réunit encore toutes les qualités extérieures, que la nature donne, que l'art perfectionne, et qui constituent l'homme vraiment éloquent : c'est LOUIS DE POULLE, *Vicaire-général de Laon, Prédicateur du Roi et Abbé Commandataire de Nogent-sous-Couci.*

Avignon fut sa patrie, et le premier théâtre de ses talens. Sa famille distinguée dans la magistrature le destina d'abord à la pénible fonction de rendre la justice : ce fut sans doute pour se distraire de l'étude ingrate de la jurisprudence, qu'il concourut à l'académie des jeux floraux de Toulouse : deux fois il entra en lice, deux fois il en sortit vainqueur, et ses essais furent des triomphes : semblable à ces jeunes aiglons qui, lors même qu'ils s'exercent à voler, et commencent à fixer le soleil, s'élèvent au-dessus de ces oiseaux faits pour habiter dans la moyenne région des airs. L'aventure de *Damon* et de *Pithias* intéressa son cœur, et enflamma son génie : celui qui connaissait si bien le prix de l'amitié, devait en peindre les douceurs et en célébrer le triomphe. Le dévouement généreux de *Codrus* à sa patrie, fut le sujet de sa seconde victoire ; et avec les pinceaux dont il devait noircir les vices, il sut embellir la vertu.

Ces succès littéraires ne servirent qu'à développer les talens de M. l'abbé *Poulle*. Alors comptant un peu plus sur ses propres forces, il commença une tragédie, et *Annibal* en fut le héros. Parmi les traits les plus brillans de cet ouvrage, nous en citerons un, qui peint le courage bouillant du général carthaginois. Cet implacable ennemi des Romains, qui n'eut d'autre ambition que de les combattre et de les vaincre, apprend que le sénat vient de mettre sa tête à prix : cet arrêt sanguinaire ne l'intimide point, il s'avance hardiment jusqu'aux portes de Rome ; et là, d'un ton qui brave ses menaces, il s'écrie :

« De soldats furieux la nombreuse cohorte
» Y demande ma tête, et je la leur apporte ;
» Et quand jusqu'à leurs murs ma valeur m'a guidé,
» Ils tremblent en voyant ce qu'ils ont demandé.

De tels sentimens exigeaient de l'énergie dans l'ame et de l'élévation dans le génie. Le poëme de M. l'abbé Poulle réunit ces deux qualités, et c'est le témoignage que lui ont rendu les amis éclairés auxquels il avait communiqué son ouvrage.

Notre jeune poète aurait sans doute cueilli d'autres lauriers, s'il eût cultivé le commerce des muses ; mais en embrassant un nouvel état, il se fit un nouveau genre d'étude : l'écriture et la tradition furent les seuls maîtres qu'il choisit pour former son esprit et son cœur ; il s'appliqua tout entier à l'art oratoire, et il consacra ses premiers travaux à célébrer les grands hommes qui ont illustré l'église, par leurs ouvrages ou leurs vertus. Animé par ces nouveaux succès dans la carrière évangélique, il résolut dès ce moment d'aller perfectioner ses talens dans l'école la plus éclairée de l'univers ; il quitte sa patrie et vient dans cette immense capitale, où le véritable mérite reste rarement inconnu, où souvent même il reçoit des encouragemens et des récompenses glorieuses ; il regarde autour de lui, il voit ces chaires de vérité occupées autrefois par les *Bourdaloue* et les *Massillon*, gémir, pour ainsi dire, et regretter ces grands hommes.

Le premier avait terminé, depuis quelques années, une carrière aussi brillante que laborieuse. Le second, après avoir instruit les rois, les princes et tous les hommes, avait renoncé au ministère apostolique, pour apprendre à se sanctifier lui-même ; il vivait au milieu de son troupeau, et lui donnait l'exemple des vertus qu'il avait prêchées. M. l'abbé Poulle ne craint point de marcher sur leurs traces ; il brûle de suivre leurs pas, et s'il veut les rappeler, ce n'est que pour les faire revivre dans sa personne. Cependant il ne ressemble à aucun d'eux ; la nature si variée dans ses productions, l'est aussi dans la distribution des talens ; tous les hommes de génie ont un caractère qui leur est propre ; et quoiqu'ils paraissent se ressembler entre eux, ils ont tous un signe particulier qui les distingue.

Bourdaloue reçut en partage un esprit clair, net, rapide et profond. Peu jaloux des ornemens du discours et des graces de la diction, il chercha moins à captiver son auditeur par des pensées ingénieuses, ou à le toucher par la douceur de son langage et l'expression des sentimens, qu'à l'accabler par des preuves solides et des raisonnemens victorieux. L'étude des Pères fut pour lui une source inépuisable de richesses, qu'il répandit dans ses ouvrages, et il posséda à un tel dégré la science des dogmes, que l'on pouvait presque dire qu'il n'y eut rien de caché pour lui dans les mistères augustes de notre religion. Persuadé que le monde serait bientôt chrétien, si les hommes connaissaient toute l'étendue de leurs devoirs, il se contenta de parler à l'esprit et de le convaincre ; aussi tous ses discours ne furent-ils pas compris par la multitude des fidèles ; et pour se faire entendre, il eut souvent besoin d'un auditoire instruit et éclairé.

Massillon n'est pas moins grand que lui, quoiqu'avec des qualités différentes. La profonde connaissance qu'il a des hommes, fait qu'il saisit toutes les nuances des caractères, et qu'il découvre jusqu'aux moindres secrets de nos cœurs. Lorsqu'il parle, chacun croit que c'est à lui qu'il s'adresse ; chacun se reconnaît dans ses portraits, comme s'il lui eût fait la confidence de ses faiblesses. L'esprit trouve dans ses ouvrages toutes les richesses de l'imagination la plus feconde, le cœur toutes les invitations qui le portent à la vertu et les ressorts capables de le toucher et de l'attendrir. Quelle morale ! quelle philosophie ! quelle abondance de pensées ! quelle richesse d'expressions ! quel choix de figures et souvent quelle finesse et quelle simplicité dans les applications de l'écriture ! S'il me fait le tableau de la cour, c'est pour me montrer le néant des grandeurs humaines, et me les faire mépriser; mais que de noblesse et de majesté dans ses peintures ! C'est Lebrun, qui me représente les victoires d'Alexandre, et qui en me faisant déplorer les malheurs de la guerre, me force encore d'admirer son ouvrage.

Après le portrait de ces deux grands hommes, pouvons-nous tracer ici celui de l'orateur que je célèbre, sans craindre de ternir sa gloire ? Oui sans doute, le génie est inépuisable comme la nature, et son feu divin enfante des prodiges, sans jamais se répéter. Tantôt, comme Bourdaloue, notre orateur sait convaincre par la force du raisonnement ; tantôt, comme Massillon, il s'insinue dans les cœurs par des sentimens tendres et pathétiques ; toujours il a la clarté du premier et souvent l'abondance du second avec plus d'ardeur et d'entousiasme. Ici la pureté de son stile, répond à celle de ses pensées ; là, ses expressions marchent et se succèdent avec la rapidité de son génie ; quelquefois il est orateur et poète tout ensemble : son discours est une suite de tableaux, et l'on pourrait peindre ses idées, si a peinture était aussi féconde que son langage.

Si nous avions besoin de justifier par des preuves notre admiration et nos éloges, nous n'aurions qu'à parcourir ses ouvrages ; ils étincellent partout de beautés, qui étaient encore relevées par un organe sonore, une prononciation pure et exacte, un geste simple, noble, souvent imitatif, un regard vif et pénétrant, et sur-tout par une mémoire merveilleuse, qui lui fournit les moyens de composer sans écrire, et le fit souvent paraître aux yeux de son auditoire, moins comme un orateur préparé, que comme un envoyé de Dieu vraiment inspiré. Ne reconnaissez-vous pas à ces traits l'homme que M. de Chateaubriant, dans son ingénieux et sublime ouvrage *du génie du christianisme*, a placé à côté de Bossuet, de Bourdaloue, de Massillon et de Flechier, et qu'il appelle le dernier des orateurs chrétiens ? Aussi a-t-on dit de lui ce qui fut dit du plus grand des orateurs grecs : que serait-ce donc si vous l'aviez entendu lui-même ?

Suivons-le dans cet azile, dont l'idée fut conçue par la charité brûlante de Saint Vincent de Paule, et le plan exécuté avec les aumônes des fidèles. J'aime à déplorer avec lui le sort de ces enfans infortunés, que l'innocence séduite, la pauvreté sans moyens, et une insouciance criminelle, abandonnent à la bienfaisance publique, et dont tout homme charitable devient le père ; il me touche, il m'intéresse en leur faveur, et me force à soulager leur misère, sans me borner à une stérile pitié. En pénétrant dans ces lieux destinés au soulagement des pauvres malades

notre orateur s'écrie : » préparez-vous au plus
» terrible de tous les spectacles, avancez et voyez :
» le supplice affreux inventé par la cruauté des
» tirans d'attacher inséparablement les vivans aux
» morts, la nécessité le renouvelle ici constam-
» ment sous les enseignes de la miséricorde. Dans
» un même lit funèbre et au-dessus gît un tas de
» malades, de mourans, de cadavres pêle-mêle
» confondus. » Quel heureux rapprochement entre
les tortures de la tirannie, et les bienfaits de la
charité ! Et quelle leçon pour le gouvernement,
qui mettait une pareille contradiction entre les
principes de sa philantropie, et la manière dont
il l'exerçait ! Si nous descendons avec lui dans ces
cachots, où la justice humaine tient en dépôt
les victimes qu'elle doit immoler à la vengeance
des lois outragées ; je vois par-tout de tendres
exhortations à côté de tableaux touchans, et des
préceptes imposans appuyés de peintures énergi-
ques.

Chaque sujet demande, pour être traité digne-
ment, des talens variés et différens : pour exciter
la compassion, il faut être attendri soi-même,
peindre fortement les maux qu'on déplore, et
pénétrer ses auditeurs des sentimens qui vous ani-
ment ; c'est ce que vous avez vu dans cette exhor-
tation, qui respire par-tout une pitié tendre et
affectueuse ; mais lorsqu'on veut aborder les mistères augustes de notre religion, il faut des idées
grandes et sublimes ; il faut, comme un autre Elie,
transporté sur un char de feu, s'élever jusques à

ces régions que la pensée ne peut atteindre, et où la raison soumise ne doit pas même tenter de pénétrer. C'est ce que fait notre orateur, lorsqu'il nous vante l'excellence de la foi : ici c'est une colonne éclatante et ténébreuse tout ensemble ; les Israélites sont les justes ; les Egiptiens, sont les pécheurs ; et les uns errent confusément dans les ténèbres, tandis que les autres marchent avec assurance à la lueur de cette clarté bienfaisante et céleste ; là il nous établit rois, pontifes et prophètes ; et en nous montrant l'état de dignité à laquelle la foi nous élève, il nous fait connaître les obligations qu'elle nous impose. Tantôt il combat, par des preuves solides, des sophismes captieux ; tantôt il met les espérances consolontes du chrétien à la place des doutes affreux de l'incrédule. « Héros intrépides de l'irréligion, tant
» qu'ils se croient éloignés du terme de leur car-
» rière, ils versent avec une espèce d'insulte et
» de défi, un déluge d'écrits impies, que des
» répétitions fatigantes rendent intarissables, tissus
» artificieux d'erreurs, de calomnies, de traves-
» tissemens. Que ne peut-on lire dans leur ame !
» Ils en imposent au public, ils s'en imposent
» à eux-mêmes. Attendez aux approches de la
» mort, ce moment de la terrible décision des
» doutes et des difficultés, leurs anciens soupçons
» se réveillent : leurs alarmes revivent avec l'in-
» certitude. Un masque de philosophie semble
» annoncer au-dehors le calme de leur esprit, il
» ne sert qu'à mieux cacher le trouble intérieur

» qui les agite : c'est le dernier soupir de la foi.
» Ah malheureux ! sur le point de se plonger dans
» le gouffre effroyable de la destruction, ils ap-
» pellent le néant, l'éternité leur répond. » Quelle
est grande cette image qui termine ce tableau aussi
frappant que véritable, et quelle impression ne
fit-elle pas sur tout son auditoire, qui se plaisait à
la répéter, comme un trait de sentiment profond
et d'éloquence sublime !

Appelé pour consacrer, par un discours chrétien, l'ouverture de ces fameux états (1), qui
ont laissé dans une province voisine, des monumens
de leur administration aussi sage qu'éclairée, il
trace d'une main savante et courageuse le tableau
des devoirs de la vie civile ; par-tout il me montre
la religion, qui commande et perfectionne ces
devoirs, et qui par conséquent veille seule aux
intérêts de la société. Un sophiste éloquent cher-
chait alors à accréditer le sistème absurde de l'éga-
lité des conditions, sistème qui n'a que trop pré-
valu à la honte et pour le malheur de l'humanité ;
il le combat avec autant d'habileté que de réserve,
et dans le parallèle qu'il me fait des lois divines et
humaines, il me prouve la nécessité des unes et
l'insuffisance des autres.

Cette célèbre académie dépositaire des trésors
de la langue française, payait tous les ans un
tribut à la mémoire du saint roi protecteur de la

---

(1) Les Etats de Languedoc.

France : elle choisissait pour son interprète celui des orateurs qui, dans la capitale, remplissait avec le plus de succès la chaire de vérité. M. l'abbé Poulle s'était déjà distingué : son mérite l'avait fait connaître ; son mérite le fit choisir. Remplit-il l'attente de cette illustre compagnie ? La manière dont il sut rajeunir un sujet qui paraissait usé depuis long-tems, l'heureuse division de son discours, la noblesse de son stile, la richesse de ses expressions, surpasserent l'espérance de ce tribunal sévère, quoiqu'il dût tout attendre de ses talens déjà reconnus. Aussi l'académie crut-elle devoir une distinction particulière à un succés extraordinaire ; elle députa un de ses membres auprès du distributeur des graces, qui n'eut pas de peine à en obtenir une du roi, juste appréciateur du mérite et de la vertu. Ce monarque n'avait pas oublié la généreuse liberté avec laquelle le ministre du Seigneur lui avait reproché ses égaremens, lorsque la mort avait menacé de l'enlever à la France ; et par une suite de la justesse de son jugement, il récompensa généreusement des conseils qu'il n'eut pas la force de suivre.

Que ne puis-je vous représenter, Messieurs, d'une manière digne de lui, ce triomphe si glorieux pour sa mémoire ! Placé dans un sanctuaire où l'on n'entend point les chants d'allégresse des filles de Sion, mais les plaintes amères des captifs de Babilone [1], il vient annoncer aux fidèles assemblés

---

[1] Les prisons du Châtelet.

une de ces vérités si reconnues, mais si peu pratiquées, je veux dire le précepte de l'aumône. Il en montre d'abord l'obligation, ensuite les avantages ; mais par-tout la noblesse de son stile répond à celle de ses pensées ; par-tout il déploie les richesses d'une imagination brillante, l'ardeur d'un ministre zélé et la tendresse d'un cœur compatissant; par-tout il touche, il intéresse ; par-tout il emploie des motifs puissans ; mais à la fin il acquiert de nouvelles forces et enfante presque des miracles. Dans d'autres circonstances, s'il voulait plaire, c'était Massillon ; s'il voulait convaincre, c'était Bourdaloue ; ici il se montre lui-même et il répand son ame toute entière. C'est alors qu'il se met à la place de Dieu et de son prophète ; qu'il interroge et répond tour-à-tour, et par la sublimité de ses pensées, l'onction de ses paroles, la noblesse de son geste et de sa voix, il se rend le digne interprète du Seigneur. C'est alors qu'il nous représente ces malheureux ensevelis tous vivans dans les cachots, poussant des hurlemens affreux et se débattant dans les chaînes ; qu'il nous fait voir, au milieu d'un peuple immense, la mort sur un échafaud, armée de tous les instrumens de la douleur et de l'infamie ; qu'il nous peint la terreur et la consternation générale au moment où le coupable est frappé..... Pensées sublimes, peintures vives et frappantes, figures hardies, sentimens tendres et généreux, tout est mis en usage tout, porte dans l'ame la compassion et la pitié. Eh ! quel empire n'a-t-on pas sur les cœurs qu'on a su intéresser et émouvoir ? J'aime, quoique dans un genre différent, à comparer notre orateur à l'illustre évêque de Meaux, lorsque ce dernier, après avoir déploré les vanités du monde, fit couler les pleurs de son auditoire attendri : mais pouvait-on refuser quelques larmes à un héros qui avait versé son sang pour ses concitoyens ? On se laisse toucher par tout ce qui frappe et qui éblouit : on désirerait rendre immortels ces guerriers couronnés par la victoire ; et lorsqu'ils ont assez vécu pour leur gloire, ils ne semblent pas avoir assez vécu pour notre admiration : on s'attendrit sur leur sort, et un orateur dans ces circonstances peut tirer de ses auditeurs quelques larmes, que tout homme un peu sensible répand sans effort. Mais lorsqu'il faut toucher des hommes qui ne connurent jamais ni le malheur ni la pitié, l'orateur trouve des cœurs rebelles et souvent ses ennemis dans ses propres auditeurs. Il pourra néanmoins, par des tours frappans, des peintures vives, arracher quelques larmes ; mais, comme l'abbé Poulle le dit lui même, *des larmes ne sont pas des secours*. Il faut presque un miracle pour ébranler des ames insensibles, à la vue même de l'indigence et de la misère ; c'est ce que fait cependant notre orateur par la seule vertu de sa parole. Tout change au son de sa voix, l'homme oisif qui venait pour l'entendre, s'apperçoit de son inaction et veut travailler sérieusement à l'affaire de son salut ; l'homme de lettres, le philosophe, qui venait pour le combattre, ou le juger, l'admire et se condamne lui-même. Le riche se sent ému pour la première fois, et devient charitable; l'avare méprise les richesses ou ne les estime que pour en faire des heureux; ces infortunés eux-mêmes qui l'entendent, mais à qui la douleur a ôté presque tout sentiment, sont frappés de l'efficacité de ses paroles et des (1) secours abondans qu'ils reçoivent; et le triomphe de l'éloquence devient aussi celui de la religion et de l'humanité.

Après avoir tracé rapidement le portrait de l'orateur, qu'il me soit permis encore de célébrer les vertus sociales qui distinguèrent M. l'abbé Poulle : un caractère affable autant qu'égal; un esprit simple qui se mettait toujours à la portée des hommes les plus ordinaires, jusqu'à leur laisser croire qu'ils ne lui étaient pas inférieurs. Ses mœurs étaient douces, sa raison avait tellement dominé ses passions, qu'on pouvait croire qu'il n'en eut jamais. Chrétien zélé, il annonça les vérités de la religion dans toute leur pureté : sa source unique était l'écriture sainte, dont il s'était nourri et qu'il a, pour ainsi dire, fondue dans ses discours : repoussant sans cesse les opinions diverses, les distinctions et les subtilités qui souvent entraînent les hommes dans l'erreur et toujours les divisent : bien qu'il vécût dans un siècle où des disputes

---

(1) La quête, que firent Madame la Duchesse de Cossé et Madame la Présidente de Molé, produisit vingt mille francs; événement inouï jusqu'à ce jour, et qui malheureusement ne se renouvelle pas dans nos temples.

théologiques formèrent des partis différens, il n'en eut jamais l'esprit : il fut aimé des uns, applaudi des autres, respecté de tous : amant de la vertu, il la préconisa, la fit chérir; il fit plus, il la mit en pratique. Ennemi déclaré du vice, il le présenta sous des formes hideuses, le poursuivit et s'en préserva : bon citoyen, il osa marquer également leurs droits et leurs devoirs à ceux qui commandent, comme à ceux qui obéissent : son cœur était sans ambition, aussi n'eut-il point d'ennemis : son esprit, sans prétention ; aussi n'eut-il pas des jaloux. Jamais il ne critiqua personne, toujours il encouragea et favorisa les talens : parent généreux, mais éclairé, il fournit à l'éducation de ses neveux ; pouvait-il leur laisser un plus utile héritage ? si ce n'est le grand exemple de ses vertus ?

Si la carrière qu'a parcourue M. l'abbé Poulle fut brillante, ses derniers jours furent tranquilles et heureux : avancé en âge, il sentit le besoin de revoir sa patrie, et de lui rendre ce qu'il tenait d'elle. Réuni à ses concitoyens, la différence des âges et des conditions n'influa point sur le choix de ses amis, et il sut leur inspirer les sentimens qu'il éprouva lui-même. Sa société particulière était composée de gens d'esprit, dont il était recherché, et des personnes les plus simples qu'il préférait.

M. l'abbé Poulle aurait sans doute enseveli avec lui dans la tombe ce qui nous reste de ses ouvrages, si sa famille, par intérêt pour la religion, autant que par zèle pour sa gloire, ne lui eût redemandé un dépôt qu'il avait conservé pendant quarante ans dans sa mémoire, sans jamais le confier au papier. Il ne fallut rien moins que des motifs aussi puissans, pour vaincre cet amour du repos, qui était chez lui une espèce de passion, et pour l'engager à se livrer à un genre de travail aussi désagréable que pénible. Ses organes affaiblis par les ans et devenus infidèles à son insu, lui refusèrent souvent ce qu'il leur demanda (1).

« Il ne put dicter ses discours de suite : souvent
» il se vit contraint d'en abandonner un, pour
» passer à l'autre ; tantôt il commençait par la
» péroraison, tantôt il finissait par l'exorde. Ici
» c'étaient quelques lignes, là des pages entières
» qu'il fallait laisser en blanc. A la vue de toutes
» ces lacunes qui présentaient, selon lui, l'image
» du cahos, son courage parut s'abattre, et il
» méditait déjà de dévouer ses productions à
» l'oubli. » Mais si le chantre d'Enée trouva dans Varron un ami zélé, qui l'empêcha de livrer aux flammes les chefs-d'œuvre que nous admirons, M. l'abbé Poulle trouva dans son neveu, prevôt d'Orange, un coopérateur aussi laborieux qu'éclairé, qui prit pour son compte tout le travail, et lui laissa tout l'honneur du succès. Après s'être occupé pendant cinq mois à remplir des vides, et lier des phrases, il porta l'ouvrage ainsi terminé à

---

(1) Eloge de M. l'abbé Poulle par M. de Sainte-Croix.

la capitale, et ces discours, auxquels le débit de l'orateur ajoutait un si grand prix, n'eurent rien à redouter de l'impression, écueil ordinaire de tant de renommées. Louis XVI, ce monarque infortuné, exemple trop déplorable des vicissitudes humaines, crut devoir une récompense à l'éditeur de cet ouvrage; il lui accorda une pension sur l'abbaye de Nogent, et acquitta ainsi la triple dette de la religion, de la reconnaissance et des lettres. M. l'abbé Poulle ne tenant plus à la vie que par le sentiment de sa tendresse pour son neveu, le solide fondateur de sa gloire, la quitta sans regret, lorsqu'il vit ses vœux accomplis. Il mourut à Avignon le 8 novembre 1781, à l'âge de 79 ans, plein de vertus et d'années, et ses dernières paroles furent le cantique de Siméon.

Inspiré par un sentiment d'amour, de respect et de reconnaissance, M. l'abbé Poulle, ancien prévôt d'Orange, lui fit élever un monument, que sa simplicité n'a pu sauver de la proscription prononcée dans des tems malheureux, contre tout ce qui consacrait la gloire des grands hommes. Mais que peut la fureur contre le mérite et la réputation? briser une urne que la faulx du tems aurait renversée quelques années plus tard : elle est impuissante contre les productions du génie.

Admirateur de l'homme célèbre, dont j'ai tracé une esquisse imparfaite, uni par les liens d'une ancienne amitié avec son neveu éditeur de ses ouvrages, j'ai osé jeter quelques fleurs sur son tombeau : pouvais-je choisir un lieu et une circonstance plus favorable, et plus digne de lui, que ce sanctuaire des arts et des sciences où je vois réuni un grand nombre de ses concitoyens, qui l'ont connu, l'ont entendu, et ont pu apprécier les talens de son esprit et les qualités de son ame? Cette pensée m'a soutenu dans une entreprise au-dessus de mes forces, heureux si ce faible ouvrage ne vous fait pas juger que j'ai bien moins calculé mes moyens, que consulté mon cœur !

F I N.

www.ingramcontent.com/pod-product-compliance
Lightning Source LLC
Chambersburg PA
CBHW060620050426
42451CB00012B/2346